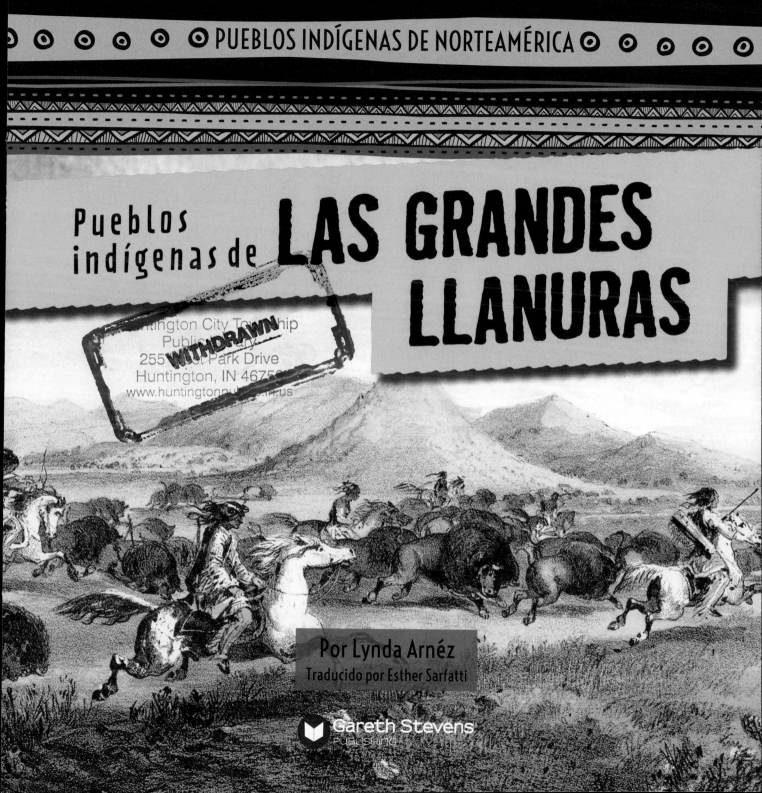

Pueblos indígenas de LAS GRANDES LLANURAS

Por Lynda Arnéz

Traducido por Esther Sarfatti

Gareth Stevens
PUBLISHING

Please visit our website, www.garethstevens.com. For a free color catalog of all our high-quality books, call toll free 1-800-542-2595 or fax 1-877-542-2596.

Cataloging-in-Publication Data

Names: Arnéz, Lynda.
Title: Pueblos indígenas de Las Grandes Llanuras / Lynda Arnéz, translated by Esther Safratti.
Description: New York : Gareth Stevens Publishing, [2016] | Series: Pueblos indígenas de Norte América | Includes index.
Identifiers: ISBN 9781482452549 (pbk.) | ISBN 9781482452563 (library bound) | ISBN 9781482452556 (6 pack)
Subjects: LCSH: Indians of North America–Great Plains–History–Juvenile literature.
Classification: LCC E78.G73 A76 2016 | DDC 978.004/97–dc23

First Edition

Published in 2017 by
Gareth Stevens Publishing
111 East 14th Street, Suite 349
New York, NY 10003

Copyright © 2017 Gareth Stevens Publishing

Translator: Esther Safratti
Designer: Samantha DeMartin
Editor: Kristen Nelson

Photo credits: Series art AlexTanya/Shutterstock.com; cover, p. 1 Stock Montage/Archive Photos/Getty Images; p. 5 (main) RRuntsch/Shutterstock.com; p. 5 (map) AlexCovarrubias/Wikimedia Commons; p. 7 Henry Guttmann/Hulton Archive/Getty Images; p. 9 Apic/Hulton Archive/Getty Images; p. 11 (main) Windmill Books/Universal Images Group/ Getty Images; p. 11 (inset) Culture Club/Hulton Archive/Getty Images; p. 13 William Henry Jackson/Hulton Archive/ Getty Images; p. 15 ullstein bild/ullstein bild/Getty Images; p. 17 Buyenlarge/Archive Photos/Getty Images; pp. 19, 21 Print Collector/Hulton Archive/Getty Images; p. 23 DEA PICTURE LIBRARY/De Agostini/Getty Images; p. 25 UniversalImagesGroup/Universal Images Group/Getty Images; p. 27 MPI/Archive Photos/Getty Images.

Printed in the United States of America

CPSIA compliance information: Batch #CS16GS: For further information contact Gareth Stevens, New York, New York at 1-800-542-2595.

CONTENIDO

Las palabras del glosario se muestran en **negrita** la primera vez que aparecen en el texto.

Grande y EXTENSA

La región de las Grandes Llanuras de Norteamérica mide aproximadamente un millón de millas cuadradas (2.59 millones de km2). Se **extiende** desde los valles de los ríos Misuri y Misisipi al este, hasta las Montañas Rocosas al oeste.

Esta enorme región está habitada desde hace por lo menos 10,500 años ¡y posiblemente mucho más! Los primeros habitantes de esta región eran **antepasados** de los más de 30 grupos que forman parte de los pueblos indígenas de las Grandes Llanuras. Aunque cada grupo tenía su propia **cultura**, también compartían muchos modos de vida.

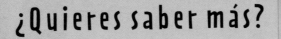
¿Quieres saber más?

Como su nombre indica, una gran parte de esta tierra es llana, sin altos ni bajos. El clima es caluroso y seco en el sur y más lluvioso en los valles cercanos a los ríos. En invierno puede llegar a hacer bastante frío en el norte.

Groenlandia

Canadá

Misisipi R.

Misuri R.

Estados Unidos

México

= Las Grandes Llanuras

La región de las Grandes Llanuras incluye las actuales provincias canadienses de Alberta, Saskatchewan, y Manitoba al norte. Se extiende al sur hasta abarcar el estado de Texas.

5

En MOVIMIENTO

La mayor parte de los pueblos indígenas de las llanuras eran **nómadas** que cazaban y recolectaban su alimento. Sus actividades dependían de los movimientos del búfalo o bisonte americano. En primavera y verano, pequeños grupos de indígenas se juntaban para cazar. Aprovechaban la época de cría de los bisontes, cuando estos se reunían para tener sus bebés. Cuando llegaba el invierno, estos pequeños grupos volvían a separarse.

Algunos grupos, como los hidatsas, los omahas y los pawnees, habían construido aldeas **permanentes** desde el año 1100 d. C. Además de cazar, los habitantes de estas aldeas de las llanuras cultivaban sus propios alimentos.

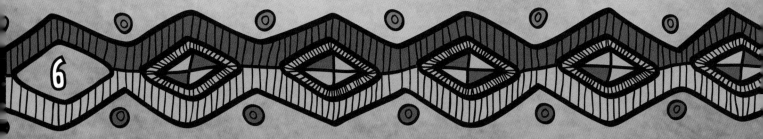

En las llanuras, los nómadas vivían en tipis, viviendas en forma de cono hechas de piel de bisonte u otro animal y postes de madera. Estos tipis eran ligeros y fáciles de transportar.

¿Quieres saber más?

A principios del siglo XVIII, los pueblos indígenas del noreste norteamericano tuvieron que emigrar hacia el oeste debido a la llegada de los colonos europeos, muchos de los cuales se asentaron en las Grandes Llanuras.

7

La llegada de los CABALLOS

La vida de los pueblos indígenas de las Grandes Llanuras sufrió un gran cambio a mediados del siglo XVI. Por aquella época, los españoles comenzaron a explorar Norteamérica y trajeron caballos con ellos. Alrededor de 1750, era habitual ver caballos en las Grandes Llanuras.

A caballo, los cazadores podían perseguir mejor las manadas de bisontes, haciendo así posible alimentar a grupos más numerosos. Antes de la llegada de los caballos, los indígenas transportaban sus provisiones en unas carretas sin ruedas, llamadas **travois**, tiradas por perros. Ahora los indígenas podían viajar con más cosas y transportarlas más rápidamente.

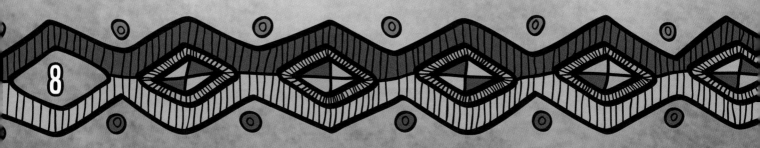

¿Quieres saber más?

Los caballos eran tan valiosos que a veces un grupo de indígenas atacaba a otro para robarlos.

El impacto de los caballos en la vida de los pueblos de las Llanuras fue tan grande que los historiadores dividen su historia en "antes" y "después" de la llegada de los caballos.

La CAZA

Antes de la llegada de los europeos, los pueblos nativos de las Grandes Llanuras cazaban a pie con arcos y flechas. A comienzos del siglo XVIII, conocieron las armas de fuego gracias a los comerciantes de pieles. Al principio, los cazadores no utilizaron las armas de fuego para cazar, porque estas no eran muy **precisas**. Pero a medida que las armas de fuego se perfeccionaron, se hizo cada vez más común cazar a caballo y con armas de fuego.

En las culturas indígenas de las Llanuras, había temporadas para cazar y para cultivar. Los arikaras, por ejemplo, plantaban en primavera, cazaban bisontes a lo largo del verano y regresaban a sus aldeas para la **cosecha** en otoño.

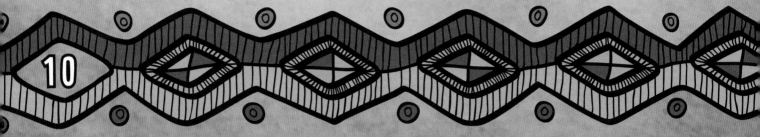

¿Quieres saber más?

Para los pueblos de las Llanuras, la caza del bisonte era la forma principal de alimentar y vestir a sus familias.

Los grupos indígenas que trabajaban la tierra de las Llanuras cultivaban frijoles, calabaza y maíz. También recolectaban semillas, frutos silvestres, frutos secos y tubérculos.

Otros tipos de VIVIENDAS

Los indígenas que vivían en aldeas permanentes construían casas grandes llamadas cabañas de tierra. Tenían techos **abovedados** y paredes hechas de tierra. Por dentro eran casi totalmente circulares. A menudo vivían tres **generaciones** de una familia en una misma cabaña.

Otra vivienda, usada comúnmente por los pueblos osage y wichita, se parecía al *wickiup*, un tipo de casa que se construía habitualmente en el Noreste. Los *wickiups* tenían forma de cúpula y se hacían con postes arqueados y cubiertos de pieles de animales o hierba.

¡En las cabañas de tierra había suficiente espacio para que también vivieran dentro los perros y caballos favoritos de la familia!

¿Quieres saber más?

Normalmente, la entrada de las cabañas de tierra y la de los tipis miraba hacia el sol naciente.

13

En la BANDA

Entre los muchos grupos culturales de los indígenas de las Grandes Llanuras existían comunidades llamadas bandas. Tenían sus propios líderes y a menudo se unían a otras bandas para cazar o viajar juntos. Una banda podía tener menos de 50 personas ¡o varios cientos!

El funcionamiento de cada banda dependía de su cultura. La banda skidi de los pawnees, por ejemplo, intentaba ser totalmente independiente de las otras bandas pawnees. Por otra parte, entre los comanches, era común cambiar de una banda a otra.

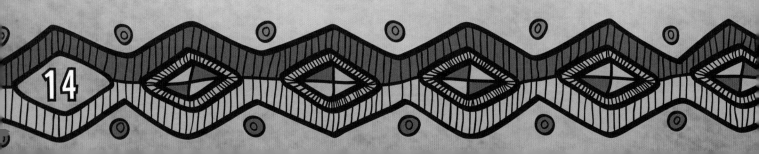

Muchos pueblos de las Grandes Llanuras tenían sociedades dentro de sus bandas, las cuales se ocupaban de ciertas funciones como, por ejemplo, asegurarse de que todo el mundo siguiera las órdenes del líder.

¿Quieres saber más?

Los pueblos indígenas de las Grandes Llanuras a veces se agrupan por sus lenguas. Sin embargo, esto no incluía a las bandas independientes dentro de estos grupos.

15

Hombres, mujeres y NIÑOS

Tanto los hombres como las mujeres tenían trabajos importantes que hacer dentro de las comunidades indígenas de las Grandes Llanuras. Los hombres cazaban y participaban en la **defensa** de su banda. Las mujeres cuidaban de los niños, recolectaban alimentos silvestres y cocinaban. También ayudaban en la construcción de las viviendas, se encargaban de las tareas de la casa y hacían la ropa.

En las llanuras, tanto los hombres como las mujeres normalmente se casaban con una sola persona. Sin embargo, como las mujeres tenían mucho trabajo que hacer, a veces dos hermanas compartían el mismo esposo para poder cuidar mejor de la familia.

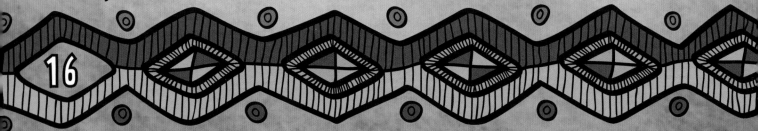

Algunos pueblos de las Llanuras eran patrilineales, lo cual significa que los lazos familiares se basaban en la línea paterna, mientras que otros eran matrilineales, en cuyo caso se basaban en la línea materna. También había otros que usaban los dos sistemas.

¿Quieres saber más?

A través de los juegos, los niños aprendían cómo hacer sus futuros trabajos. Los niños jugaban con arcos y flechas, mientras que a las niñas les daban muñecas y aprendían a coserles ropa.

17

El mundo ESPIRITUAL

La naturaleza jugaba un papel importante en la vida espiritual de los pueblos indígenas de las Grandes Llanuras. Generalmente creían que los animales, el sol, las plantas y otros elementos naturales eran las **representaciones** terrenales de los espíritus.

La mayoría de los pueblos de las Grandes Llanuras creían que existían muchos espíritus. Algunos, como los crows, creían que todos esos espíritus eran igualmente poderosos. Los cheyenes creían en dos dioses principales: el "Sabio de las Alturas" y uno que vivía bajo tierra.

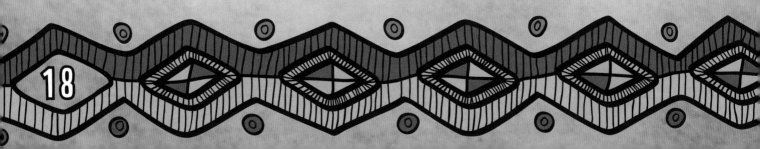

Un chamán era alguien que hablaba de parte del grupo con el mundo espiritual. Los chamanes normalmente eran curanderos también. El chamán mandan de esta imagen está disfrazado de oso.

¿Quieres saber más?

Los hombres jóvenes a menudo realizaban búsquedas de visión, durante las cuales pasaban varios días solos en la naturaleza. Se creía que estas búsquedas de visión ayudaban a los hombres a hablar con el mundo espiritual y ganarse su favor.

19

ENFERMEDADES

Hacia finales del siglo XVIII, los comerciantes de pieles británicos habían comenzado a establecer puestos de comercio en las Grandes Llanuras. Aunque el comercio no afectó a los pueblos de las Llanuras tanto como la llegada de los caballos españoles, sí lo hicieron las enfermedades que los comerciantes trajeron consigo.

Hasta entonces, los indígenas nunca habían entrado en contacto con enfermedades como la viruela y el sarampión. Como sus cuerpos no podían combatir estas enfermedades, muchos de ellos murieron. Los que vivían en aldeas eran los que estaban en mayor peligro, ya que las enfermedades se propagaban rápidamente en lugares con mucha gente.

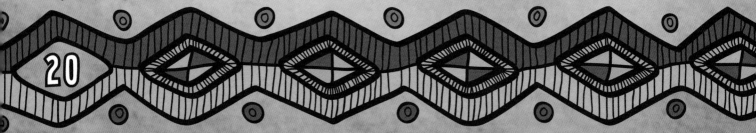

Los pueblos indígenas de las Grandes Llanuras intercambiaban pieles de animales con los británicos y franceses a cambio de ollas, cuchillos, armas de fuego y calderos.

¿Quieres saber más?

Los hijos de padres europeos y madres indígenas se conocían como mestizos. A menudo se criaban en ambas culturas.

21

Estados Unidos se expande hacia el OESTE

Durante la década de 1840, los colonos de Estados Unidos comenzaron a viajar hacia el oeste en carretas. Los caminos que usaban, como la ruta de Oregón, atravesaban las llanuras, pasando por las tierras de muchos pueblos indígenas. Las caravanas de carretas ahuyentaban los bisontes y destruían grandes extensiones de praderas, perjudicando el modo de vida de los indígenas.

A finales del siglo XIX, grandes grupos de indígenas de Norteamérica fueron obligados a mudarse a unas tierras llamadas reservas. Mucha gente murió luchando en contra de estas reservas.

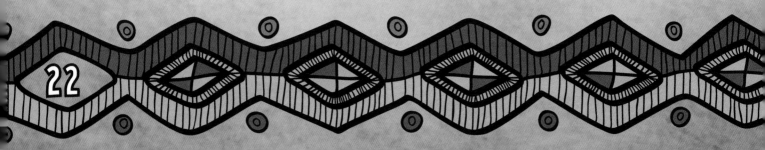

Algunos grupos de indígenas de las Grandes Llanuras atacaban a los colonos que intentaban establecerse en sus tierras.

¿Quieres saber más?

Estados Unidos hizo muchos tratados, o acuerdos, con los grupos de indígenas que vivían en el país, pero después los rompió. Algunos creen que habría que remediar los errores del pasado.

23

LOS **COMANCHES**

Los comanches vivían en la zona que hoy en día es Wyoming y, con el tiempo, se desplazaron hacia el sur hasta las Grandes Llanuras. Fueron uno de los primeros grupos en utilizar caballos, y llegaron a ser conocidos por su destreza a la hora de montarlos. Los comanches estaban entre los pocos pueblos indígenas capaces de luchar a caballo.

A principios del siglo XIX, los comanches eran uno de los pueblos más poderosos de las Grandes Llanuras. Tenían unas 13 bandas y posiblemente una población de 30,000 personas.

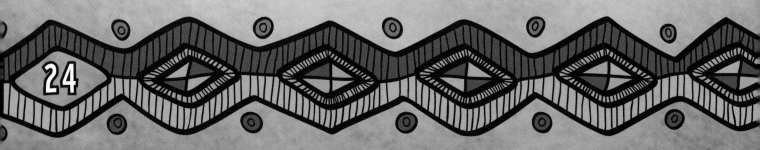

¿Quieres saber más?

"Comanche" es una palabra de la lengua ute que significa "contra el que se va a luchar."

Actualmente, la Nación comanche está ubicada en una reserva en Lawton, Oklahoma.

25

LOS CHEYENES

Aunque los cheyenes fueron cazadores de bisontes como los demás pueblos de las Grandes Llanuras, primero fueron agricultores. Antes del año 1700, vivían en lo que hoy es Minnesota, donde cultivaban la tierra y hacían cerámica de barro. Después, se mudaron a lo que hoy es Dakota del Norte, donde comenzaron a cazar bisontes a caballo. Volvieron a mudarse durante el siglo XIX, cuando un grupo grande se estableció a orillas del río Arkansas.

Los cheyenes eran muy aficionados a las celebraciones y las **ceremonias**. Los líderes fumaban la pipa de la paz antes de reunirse para hablar acerca de las necesidades y los problemas de su gente.

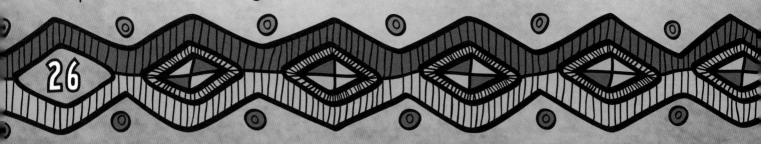

Los cheyenes se unieron a otros grupos indígenas de las Grandes Llanuras para luchar contra el gobierno de Estados Unidos a finales del siglo XIX.

¿Quieres saber más?

Los cheyenes tenían 10 bandas, dirigidas por 44 jefes.

27

Luchando **JUNTOS**

Uno de los héroes nativos americanos más famosos, Toro Sentado, fue un jefe lakota de las Grandes Llanuras. Fue un líder espiritual para mucha gente de las llanuras, y luchó en la Batalla de *Little Bighorn* en 1876.

Esta fue una de las muchas batallas entre las fuerzas de Estados Unidos y los indígenas de las Grandes Llanuras. Aunque los pueblos indígenas ganaron esta batalla, demostrando gran coraje y lealtad hacia su gente, las fuerzas armadas estadounidenses obligaron a la mayoría a vivir en reservas poco tiempo después.

Mandan

Lakota

Shawnee

Cheyene

Dakota

Nakota

Comanche

¿Quiénes son los pueblos indígenas de las Grandes Llanuras?

Arapaho

Hidatsa

Osage

Apache lipán

Blackfoot

¿Quieres saber más?

Los lakotas, dakotas y nakotas forman parte de un gran grupo llamado los siux. Todos hablaban lenguas con las mismas raíces.

GLOSARIO

abovedado: que tiene forma arqueada y redondeada.

antepasado: miembro de una familia que vivió hace mucho tiempo.

ceremonia: un evento que honra o celebra algo.

cosechar: recoger lo cultivado.

cultura: las creencias y el modo de vida de un pueblo.

defender: proteger a alguien o algo de cualquier daño.

extenderse: hacer que algo ocupe más espacio que antes.

generación: un grupo de personas que ha nacido más o menos al mismo tiempo.

nómada: alguien que se muda de un lugar a otro según las estaciones.

permanente: algo que no cambia.

precisa: capaz de dar en el blanco.

representación: conjunto de personas que representa a un grupo mayor.

travois: carretas sin ruedas, tiradas por perros, utilizadas por los pueblos indígenas de las Grandes Llanuras para transportar suministros.

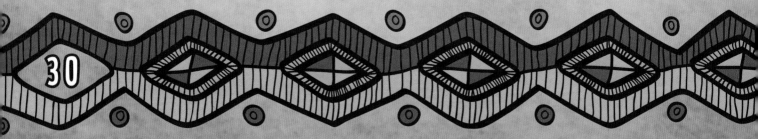

Para más INFORMACIÓN

Libros

Bowman, Donna Janell. *The Sioux: The Past and Present of the Dakota, Lakota, and Nakota.* North Mankato, MN: Fact Finders, 2015.

Suen, Anastasia. *Great Plains Region.* Vero Beach, FL: Rourke Educational Media, 2015.

Yasuda, Anita. *Native Nations of the Plains.* Mankato, MN: Child's World, 2015.

Sitios de Internet

American Indians - Plains Tribes & Southeastern Tribes

kidzworld.com/article/1303-american-indians-plains-tribes-and-southeastern-tribes

Aprende más acerca de cómo vivían los pueblos de las Grandes Llanuras.

Cheyenne Indian Fact Sheet

bigorrin.org/cheyenne_kids.htm

Este sitio web ofrece respuestas a muchas preguntas sobre el pueblo cheyene de las Grandes Llanuras.

ÍNDICE